LA GUIA DEFINITIVA

DE ISRAEL:

PRINCIPALES ACONTECIMIENTOS DESDE 1948 HASTA 2024

AGRADECIMIENTOS

Primero y ante todo, quiero expresar mi profunda gratitud a Dios, cuya guía y fortaleza me han acompañado en cada paso de este viaje. Sin Su apoyo, nada de esto habría sido posible.

Quiero también agradecer a todas las personas que han contribuido a la realización de este libro. A mi familia y amigos, gracias por su apoyo incondicional y por brindarme la inspiración necesaria en cada etapa. Su aliento me ha dado la fortaleza para seguir adelante en momentos de duda.

A mis colegas y expertos que compartieron su conocimiento y experiencias sobre el conflicto israelí-palestino, su generosidad al compartir sus perspectivas ha sido invaluable y ha enriquecido significativamente el contenido de este libro.

También agradezco a los lectores que se aventuran a explorar estos temas complejos. Su interés por comprender la historia y las dinámicas en juego es esencial para promover el diálogo y la reconciliación en la región.

Finalmente, un agradecimiento especial a aquellos que han vivido y enfrentado las realidades del conflicto. Sus historias y resiliencia son el motor que impulsa mi compromiso por contribuir a una mayor comprensión y paz en el mundo. Espero que este libro sea un puente para el entendimiento y un paso hacia la reconciliación.

Con gratitud y amor

INDICE

Capítulo 3: La Crisis de Suez y la Guerra de los Seis Días (1956 y 1967)

- La nacionalización del canal de Suez por Egipto.
- La intervención internacional y el impacto en Israel.
- La Guerra de los Seis Días: causas, desarrollo y consecuencias.
- Israel toma control de Cisjordania, Jerusalén Este, Gaza y los Altos del Golán.

Capítulo 4: El Conflicto de Yom Kipur (1973)

- El ataque sorpresa de Egipto y Siria.
- Las pérdidas iniciales de Israel y su eventual victoria.
- Impacto del conflicto en la región y la relación con las superpotencias.

Capítulo 5: El Acuerdo de Paz de Camp David (1978)

- Las negociaciones entre Egipto e Israel.
- La retirada de Israel del Sinaí.
- Implicaciones de los acuerdos para la estabilidad regional.

Capítulo 6: Los Levantamientos Palestinos y el Proceso de Paz (1987-1993 y 2000-2005)

- La resistencia palestina y la respuesta militar de Israel.
- La creación de la Autoridad Palestina y los Acuerdos de Oslo.

- El colapso de las negociaciones de paz y el inicio de la Segunda Intifada.

Capítulo 7: El Conflicto con Hezbollah y la Guerra del Líbano (2006)

- El ataque de Hezbollah y la respuesta militar israelí.
- Las consecuencias de la guerra para el norte de Israel y Líbano.
- El papel de Hezbollah como actor no estatal en el conflicto.

Capítulo 8: Israel y Hamas: Guerras en Gaza (2008-2014)

- El ascenso de Hamas en Gaza y el conflicto de 2008-2009.
- Las guerras de 2012 y 2014: causas y consecuencias.
- La estrategia de defensa israelí y las tensiones constantes en la Franja de Gaza.

Capítulo 9: Acuerdos de Abraham y Nuevas Dinámicas en Medio Oriente (2020)

- La normalización de relaciones entre Israel y algunos países árabes.
- El impacto de estos acuerdos en la región y las relaciones con Palestina.
- Las oportunidades y desafíos para Israel tras los Acuerdos de Abraham.

Capítulo 10: El Conflicto de octubre 2023

- Eventos del 7 de octubre de 2023: ataques en el sur de Israel y sus consecuencias.

- Respuesta militar de Israel y el impacto en la población civil.

- Reacciones internacionales y el inicio de un nuevo ciclo de violencia.

Capítulo 11: Análisis de Eventos Recientes (Hasta octubre 2024)

- Evolución del conflicto desde octubre de 2023 hasta la fecha.

- Importancia de las negociaciones de paz y los cambios en la política regional.

- Reflexiones sobre el futuro del conflicto y la esperanza de reconciliación.

Conclusión:

- Reflexión sobre los conflictos que ha sufrido Israel desde 1948 hasta la fecha.

- La esperanza y el ánimo de perseverar el estado de Israel y su influencia en sus países vecinos

INTRODUCCIÓN

El propósito de este libro es ofrecer una visión clara y comprensible sobre los eventos que han dado forma al conflicto israelí desde su creación en 1948 hasta el presente. A través de un análisis detallado de cada hito significativo, busco proporcionar a los lectores una comprensión más profunda de las complejidades y matices que rodean esta historia rica y tumultuosa. La narrativa no solo se centra en los acontecimientos, sino también en las personas y las comunidades afectadas por ellos.

Al descubrir estos acontecimientos, los lectores pueden esperar sumergirse en una cronología que no solo documenta hechos históricos, sino que también invita a la reflexión. Cada capítulo está diseñado para llevarte a través de las tensiones y los triunfos, las luchas y las esperanzas que han marcado la vida en Israel y en toda la región. A medida que navegues por este viaje, te animo a que reflexiones sobre las lecciones aprendidas, así como sobre las implicaciones actuales y futuras del conflicto.

Este libro es más que un relato de la historia; es una invitación a entender y a involucrarse en un diálogo sobre la paz, la justicia y la coexistencia en una de las regiones más complejas del mundo. Prepárate para explorar las raíces de un conflicto que ha resonado a lo largo de las décadas y para descubrir cómo estos acontecimientos continúan influyendo en la vida de millones hoy en día.

CAPÍTULO 1

Orígenes del Conflicto (1948)

El conflicto árabe-israelí tiene sus raíces en un contexto histórico complejo que se remonta a siglos atrás. Sin embargo, la fundación del Estado de Israel en 1948 marcó un punto de inflexión que alteró el equilibrio en la región y dio inicio a un ciclo de tensiones que continúa hasta nuestros días.

Contexto histórico de Israel desde su fundación

La historia de Israel es rica y multifacética, con un profundo significado religioso y cultural para judíos, árabes y otros pueblos de la región. Durante siglos, la tierra de Israel fue un hogar para los judíos, quienes sufrieron persecuciones y desplazamientos a lo largo de la historia. A finales del siglo XIX, el movimiento sionista emergió con el objetivo de establecer un hogar nacional judío en Palestina, una región que en ese momento estaba bajo control otomano.

La llegada de inmigrantes judíos a Palestina aumentó durante el siglo XX, especialmente tras el Holocausto en la Segunda Guerra Mundial, lo que llevó a una mayor demanda por un Estado judío independiente. Entre 1940 y 1945, más de 100,000 judíos inmigraron a Palestina, lo que contribuyó al crecimiento demográfico y a la presión política para crear un Estado judío.

La creación del Estado de Israel y sus implicaciones en Medio Oriente

El 14 de mayo de 1948, David Ben-Gurión, líder del movimiento sionista, proclamó la independencia del Estado de Israel. La declaración fue recibida con júbilo por la comunidad judía, pero también provocó una fuerte reacción por parte de los países árabes vecinos, que vieron la creación de Israel como una amenaza a su soberanía y a los derechos de los árabes palestinos.

La proclamación de independencia desencadenó la Guerra

de Independencia de Israel, también conocida como la Guerra de 1948. En el transcurso del conflicto, aproximadamente 6,000 judíos (alrededor del 1% de la población judía de Israel en ese momento) y entre 10,000 y 15,000 árabes palestinos perdieron la vida, lo que reflejó la intensidad de las hostilidades.

La reacción de los países árabes vecinos

La respuesta de los países árabes fue rápida y contundente. En mayo de 1948, Egipto, Jordania, Siria, Líbano e Irak enviaron tropas para apoyar a los palestinos y combatir la recién creada nación israelí. En total, se estima que unos 30,000 soldados árabes participaron en el conflicto, enfrentándose a las fuerzas israelíes que contaban con alrededor de 40,000 combatientes en sus filas.

Las líneas de combate fueron extensas, con enfrentamientos en diversas áreas, incluyendo Jerusalén, Tel Aviv, el Negev y la Galilea. A medida que avanzaban las hostilidades, Israel logró ocupar territorios que previamente eran parte del Mandato Británico de Palestina, incluidos el oeste de Jerusalén, gran parte de la Galilea, y las llanuras costeras.

Primeras tensiones territoriales y las raíces de la guerra árabe-israelí

Las tensiones territoriales surgieron rápidamente, con ambos lados reclamando derechos sobre la misma tierra. Las fronteras del nuevo Estado de Israel no solo eran objeto de disputa, sino que también se convirtieron en un símbolo de identidad nacional para ambas partes. La guerra resultante dejó un legado de violencia y sufrimiento, y la creación de aproximadamente 700,000 árabes palestinos desplazados, quienes se convirtieron en refugiados.

El conflicto también se caracterizó por la creación de una serie de asentamientos judíos en territorios recién ocupados, lo que exacerbó aún más las tensiones. Las raíces de la guerra árabe-israelí se encuentran no solo en la lucha por el territorio, sino también en cuestiones más profundas relacionadas con la identidad, la religión y la historia.

Este capítulo de la historia de Israel sienta las bases para entender los eventos futuros y el desarrollo de un conflicto que ha capturado la atención del mundo durante más de siete décadas. El legado de 1948 continúa influyendo en las relaciones entre judíos y árabes, y los ecos de aquellos días resuenan hasta nuestros días en el contexto político y social de la región.

CAPÍTULO 2

La Guerra de Independencia (1948-1949)

La Guerra de Independencia de Israel, también conocida como la Guerra árabe-israelí de 1948, fue un conflicto fundamental que no solo definió el nacimiento del Estado de Israel, sino que también sentó las bases de un conflicto duradero en la región. Este capítulo explorará los eventos cruciales de esta guerra, desde la proclamación de independencia hasta la intervención de las naciones árabes y los resultados finales.

La proclamación de independencia de Israel

El 14 de mayo de 1948, David Ben-Gurión, líder del movimiento sionista, proclamó la independencia del Estado de Israel en el Museo de Tel Aviv. Esta declaración se produjo justo antes de que expirara el mandato británico sobre Palestina, que había estado en vigor desde el final de la Primera Guerra Mundial. La declaración fue recibida con celebración por parte de la comunidad judía, pero también con indignación entre los árabes, quienes la consideraban una violación de sus derechos.

El día siguiente, el 15 de mayo, las fuerzas armadas de Egipto, Siria, Jordania, Líbano e Irak invadieron el recién proclamado Estado de Israel, dando inicio a la guerra. La intervención de estos países árabes se debió a su deseo de evitar la creación de un Estado judío y de respaldar a los palestinos, quienes se sentían amenazados por la nueva situación.

La intervención de las naciones árabes

Las fuerzas árabes fueron diversas en su composición y motivaciones, pero estaban unidas por un objetivo común: destruir el nuevo Estado de Israel. En total, se estima que alrededor de 30,000 soldados árabes, incluyendo tropas de los cinco países mencionados, participaron en el conflicto. A pesar de su superioridad numérica, las fuerzas árabes no lograron una victoria rápida.

Israel, aunque en desventaja inicial en términos de armamento y experiencia militar, logró organizarse rápidamente. Las fuerzas israelíes, conocidas como las Fuerzas de Defensa de Israel (IDF), utilizaron tácticas innovadoras y la determinación de su población para repeler la invasión. La guerra se libró en diferentes frentes, incluyendo los alrededores de Jerusalén, la costa mediterránea y el desierto del Negev.

Uno de los enfrentamientos más significativos ocurrió durante la Batalla de Jerusalén, donde las fuerzas israelíes lucharon para mantener el control de la ciudad y asegurar el acceso a la parte occidental. En el norte, el avance de las tropas sirias se detuvo en la Batalla de Mishmar HaYarden.

Resultados de la guerra y los acuerdos de armisticio

La guerra se extendió desde mayo de 1948 hasta marzo de 1949, y terminó con una serie de acuerdos de armisticio firmados entre Israel y los países árabes involucrados. El resultado más inmediato fue la creación de un nuevo mapa en la región, en el que Israel no solo se mantuvo como un Estado independiente, sino que también expandió su territorio.

Según los acuerdos de armisticio, Israel logró establecer control sobre aproximadamente el 78% de la antigua Palestina británica. Sin embargo, el conflicto tuvo un alto costo humano. Se estima que aproximadamente 6,000 judíos perdieron la vida, lo que representaba cerca del 1% de la población judía en ese momento, mientras que las bajas árabes palestinas se calcularon entre 10,000 y 15,000.

Uno de los resultados más devastadores de la guerra fue el desplazamiento de aproximadamente 700,000 palestinos, que se convirtieron en refugiados y fueron forzados a abandonar sus hogares. Este evento se conoce como la Nakba, o "la Catástrofe", en la narrativa palestina, y es un punto de dolor y memoria colectiva que sigue siendo relevante en la política de la región.

Los acuerdos de armisticio, aunque lograron poner fin a las hostilidades, no resolvieron las tensiones subyacentes. Las líneas de armisticio se establecieron, pero no se reconocieron como fronteras permanentes, lo que dejó a las comunidades árabes dentro de Israel y a los refugiados palestinos en una situación vulnerable.

El capítulo de la Guerra de Independencia de 1948-1949 no solo fue un hito en la historia de Israel, sino que también sentó las bases para los conflictos posteriores, las tensiones y la búsqueda de una solución que aún está lejos de concretarse.

CAPÍTULO 3

La Crisis de Suez y la Guerra de los Seis Días (1956 y 1967)

La Crisis de Suez y la Guerra de los Seis Días son dos eventos cruciales en la historia de Israel que no solo definieron el panorama geopolítico de Medio Oriente, sino que también marcaron el ascenso de Israel como una potencia militar en la región. Este capítulo examina estos eventos en profundidad, desde la nacionalización del Canal de Suez hasta las causas y consecuencias de la Guerra de los Seis Días.

La nacionalización del canal de Suez por Egipto (1956)

En julio de 1956, el presidente egipcio Gamal Abdel Nasser anunció la nacionalización del Canal de Suez, un paso que sorprendió al mundo. El canal, que había sido controlado por intereses británicos y franceses desde su apertura en 1869, era vital para el comercio internacional y especialmente para la economía británica, que dependía de este paso marítimo para el transporte de petróleo desde Oriente Medio.

Nasser justificó su decisión al señalar que el dinero recaudado por el canal se utilizaría para financiar la construcción de la presa de Asuán, un proyecto crucial para el desarrollo de Egipto. La reacción de Gran Bretaña y Francia fue inmediata. Considerando la nacionalización como una amenaza a sus intereses económicos y geopolíticos, ambos países formaron una alianza con Israel para lanzar una intervención militar.

La intervención internacional y el impacto en Israel

El 29 de octubre de 1956, Israel lanzó la operación "Kadesh", invadiendo el Sinaí con el objetivo de avanzar hacia el Canal de Suez. En respuesta, Gran Bretaña y Francia emitieron un ultimátum, exigiendo un alto al fuego y la retirada de las fuerzas israelíes. El conflicto rápidamente se convirtió en un enfrentamiento internacional, atrayendo la atención de los Estados Unidos y la Unión Soviética.

A medida que la crisis escalaba, Estados Unidos, bajo la presidencia de Dwight D. Eisenhower, presionó a Gran Bretaña y Francia para que se retiraran, argumentando que la intervención militar solo podría exacerbar las tensiones en la región. El 6 de noviembre de 1956, bajo presión internacional, las fuerzas británicas y francesas se retiraron, dejando a Israel en una posición dominante en el Sinaí.

La Crisis de Suez tuvo un impacto significativo en Israel. Aunque Israel había logrado sus objetivos militares, la intervención internacional mostró que su seguridad estaba profundamente entrelazada con la política global. Además, la crisis destacó el creciente papel de Estados Unidos como el principal aliado de Israel en la región.

La Guerra de los Seis Días: causas, desarrollo y consecuencias (1967)

Una década después de la Crisis de Suez, la tensión en la región alcanzó un punto álgido, lo que llevó a la Guerra de los Seis Días, que tuvo lugar del 5 al 10 de junio de 1967. Las causas del conflicto fueron múltiples, incluyendo el aumento de la retórica belicosa de Nasser, la movilización de fuerzas árabes en la frontera con Israel y el cierre del estrecho de Tirán por parte de Egipto, lo que bloqueó el acceso israelí al Mar Rojo.

El 5 de junio de 1967, Israel lanzó un ataque preventivo contra las fuerzas aéreas egipcias, marcando el inicio de la guerra. En las primeras horas del conflicto, la fuerza aérea israelí destruyó casi la totalidad de la aviación egipcia en tierra, lo que permitió a las tropas israelíes avanzar rápidamente en varios frentes.

Durante los seis días de combate, Israel también se enfrentó a Jordania y Siria, logrando capturar grandes extensiones de territorio. En total, Israel tomó el control de:

- **Cisjordania y Jerusalén Este**: Anexando Jerusalén y asegurando el acceso a lugares sagrados para judíos, cristianos y musulmanes.
- **Gaza**: Controlando la Franja de Gaza, que había estado bajo administración egipcia desde 1948.
- **Los Altos del Golán**: Una región estratégica que Israel capturó de Siria, lo que le permitió tener una ventaja militar en el norte.

Las bajas durante la Guerra de los Seis Días fueron significativas. Se estima que alrededor de 800 israelíes perdieron la vida, mientras que las fuerzas árabes sufrieron pérdidas mucho más elevadas, con cifras que varían entre 15,000 y 25,000 muertos, además de miles de heridos.

Consecuencias de la Guerra

La victoria rápida de Israel tuvo consecuencias de gran alcance en la región. Israel no solo consolidó su estatus como potencia militar, sino que también aumentó su territorio en un 300%. Sin embargo, la guerra también intensificó el conflicto árabe-israelí y provocó un aumento en la resistencia palestina. La ocupación de los territorios capturados se convirtió en un punto de contención en las relaciones entre Israel y los países árabes, así como en el proceso de paz que seguiría.

El impacto de la Guerra de los Seis Días aún resuena en el conflicto actual, ya que las tensiones territoriales y las reclamaciones sobre Jerusalén continúan siendo temas centrales en las negociaciones entre israelíes y palestinos.

Este capítulo concluye con una reflexión sobre cómo estos eventos históricos han moldeado el presente de Israel y la región, dejando una huella duradera en la política y la sociedad contemporáneas.

CAPÍTULO 4

El Conflicto de Yom Kipur (1973)

El Conflicto de Yom Kipur, también conocido como la Guerra del Ramadán o la Guerra de Octubre, fue una confrontación bélica que sorprendió a Israel el 6 de octubre de 1973, en el día más sagrado del calendario judío: Yom Kipur. Este ataque coordinado de Egipto y Siria no solo puso a prueba la capacidad militar de Israel, sino que también marcó un punto de inflexión en las relaciones internacionales y en la política del Medio Oriente.

El ataque sorpresa de Egipto y Siria

El conflicto comenzó con un ataque sorpresa por parte de Egipto y Siria. Las fuerzas egipcias, bajo el mando del presidente Anwar Sadat, cruzaron el Canal de Suez, mientras que las tropas sirias avanzaron hacia los Altos del Golán, un territorio que Israel había capturado en la Guerra de los Seis Días de 1967.

El momento del ataque fue meticulosamente planeado. Aprovechando la celebración de Yom Kipur, una festividad en la que la mayoría de los soldados israelíes estaban en casa o en estado de descanso, Egipto y Siria lograron penetrar las defensas israelíes con relativa facilidad en las primeras horas del conflicto.

Las fuerzas involucradas:

- Egipto movilizó a unos 200,000 soldados y más de 2,000 tanques, mientras que Siria desplegó alrededor de 45,000 soldados y 1,400 tanques en los Altos del Golán.
- Israel, por su parte, contaba con una fuerza mucho menor inicialmente, pero rápidamente movilizó a unos 100,000 reservistas.

Las pérdidas iniciales de Israel y su eventual victoria

En los primeros días de la guerra, Israel sufrió graves pérdidas. Las fuerzas egipcias lograron cruzar el Canal de Suez y establecer cabezas de puente en la Península del Sinaí, mientras que las tropas sirias avanzaron rápidamente en los Altos del Golán. La sorpresa y la magnitud del ataque provocaron caos en las filas israelíes, lo que resultó en la pérdida de varios aviones, tanques y posiciones estratégicas.

Se estima que, en los primeros días del conflicto, Israel perdió más de 500 soldados y varios cientos de tanques. Sin embargo, la capacidad de movilización rápida y la respuesta coordinada de las Fuerzas de Defensa de Israel (FDI) permitieron que, a partir del 10 de octubre, Israel comenzara a contraatacar.

Batallas clave:

- En el Sinaí, el general Ariel Sharon dirigió una ofensiva que envolvió a las fuerzas egipcias, cruzando nuevamente el Canal de Suez y cercando al Tercer Ejército de Egipto.
- En el norte, Israel recuperó rápidamente el control de los Altos del Golán, forzando la retirada de las tropas sirias.

Para el 24 de octubre, la guerra había alcanzado un punto de estancamiento, con Israel logrando victorias clave en ambos frentes. Sin embargo, la guerra también dejó a Israel en una posición precaria, con altos costos humanos y materiales.

Cifras de bajas:

- Se estima que Israel perdió alrededor de 2,500 soldados

durante la guerra.

- Las bajas combinadas de Egipto y Siria se estiman en más de 15,000 muertos y miles de heridos.

Impacto del conflicto en la región y la relación con las superpotencias

El Conflicto de Yom Kipur tuvo un profundo impacto en la región y cambió la dinámica geopolítica de Medio Oriente. A nivel internacional, la guerra fue percibida como un punto crítico en la Guerra Fría, ya que Estados Unidos y la Unión Soviética, las dos superpotencias, se involucraron de manera indirecta apoyando a sus respectivos aliados.

Relación con Estados Unidos y la URSS:

- La Unión Soviética proporcionó armamento y apoyo logístico a Egipto y Siria, mientras que Estados Unidos intervino a favor de Israel con el puente aéreo conocido como "Operación Níquel Graso", que proporcionó miles de toneladas de suministros militares cruciales para la defensa israelí.

- A medida que la guerra se intensificaba, hubo un creciente temor de que pudiera desencadenarse un enfrentamiento directo entre Estados Unidos y la URSS, especialmente después de que la Unión Soviética amenazara con enviar tropas a la región.

El conflicto también desencadenó la **Crisis del Petróleo de 1973,** cuando los países árabes miembros de la OPEP impusieron un embargo petrolero a los países occidentales que apoyaban a Israel. Este embargo llevó a una grave recesión económica mundial y aumentó la conciencia sobre la dependencia de los países industrializados del petróleo del Medio Oriente.

Consecuencias del conflicto

A pesar de las significativas pérdidas iniciales, Israel emergió victorioso en términos territoriales y militares. Sin embargo, la guerra dejó una profunda huella en la psique israelí, provocando un debate interno sobre la preparación y la gestión del conflicto por parte de sus líderes.

El conflicto también sentó las bases para futuros intentos de paz en la región. En 1978, Egipto e Israel firmarían los Acuerdos de Camp David, que marcaron el primer tratado de paz entre Israel y un país árabe. El presidente egipcio Anwar Sadat, al reconocer la inviabilidad de un enfrentamiento militar prolongado con Israel, optó por una vía diplomática que cambiaría la política del Medio Oriente para las próximas décadas.

Impacto regional:

- Aunque Egipto y Siria no lograron sus objetivos militares completos, el hecho de haber puesto a Israel en una situación vulnerable mejoró su posición en las negociaciones posteriores.

- El conflicto también fortaleció la alianza entre Estados Unidos e Israel, consolidando a Estados Unidos como el principal proveedor de ayuda militar y diplomática para Israel en los años posteriores.

CAPÍTULO 5

El Acuerdo de Paz de Camp David (1978)

El Acuerdo de Paz de Camp David de 1978 marcó un hito en la historia del conflicto árabe-israelí, siendo el primer tratado de paz firmado entre Israel y un país árabe, Egipto. Este acuerdo no solo cambió el panorama político de Medio Oriente, sino que también demostró que las negociaciones diplomáticas podían lograr lo que años de conflicto armado no habían podido: una paz duradera, aunque frágil.

Las negociaciones entre Egipto e Israel

Las negociaciones que condujeron al Acuerdo de Camp

David fueron facilitadas por el entonces presidente de los Estados Unidos, Jimmy Carter, quien jugó un papel crucial como mediador. Las conversaciones se llevaron a cabo en secreto durante 12 días en la residencia presidencial de Camp David, en Maryland, y contaron con la participación de los líderes de Egipto, el presidente Anwar Sadat, y de Israel, el primer ministro Menachem Begin.

Contexto de las negociaciones:

- La iniciativa de Sadat de buscar la paz sorprendió a muchos, ya que Egipto había sido uno de los principales actores en las guerras contra Israel desde 1948. Sin embargo, tras la Guerra de Yom Kipur de 1973, Sadat reconoció que una solución militar no resolvería el conflicto, y optó por una vía diplomática.
- Para Israel, la paz con Egipto, el país árabe más grande y poderoso, era una oportunidad estratégica para estabilizar sus fronteras y reducir las amenazas militares en la región.

Las negociaciones fueron arduas y complicadas, ya que ambas partes tenían demandas opuestas. Sadat exigía la retirada de Israel de la Península del Sinaí, ocupada desde 1967, mientras que Begin estaba reacio a ceder territorio sin garantías de seguridad. No obstante, la perseverancia de Carter y la disposición de Sadat y Begin a comprometerse llevaron a un acuerdo histórico.

La retirada de Israel del Sinaí

Uno de los puntos centrales del acuerdo fue la retirada total de Israel de la Península del Sinaí, un territorio que había capturado durante la Guerra de los Seis Días en 1967. A cambio, Egipto se comprometió a reconocer formalmente el Estado de Israel y establecer relaciones diplomáticas plenas.

Detalles de la retirada:

- La retirada de Israel del Sinaí fue progresiva y se completó en abril de 1982, tres años después de la firma del acuerdo.

- Durante el proceso, Israel desmanteló varias colonias judías establecidas en el Sinaí y devolvió a Egipto importantes recursos, como los campos petrolíferos de Abu Rudeis, que representaban una fuente clave de energía para Israel.

Esta retirada fue vista por muchos israelíes como un sacrificio doloroso, ya que el Sinaí había proporcionado una importante barrera de seguridad contra futuros ataques desde Egipto. Sin embargo, el acuerdo también garantizó el acceso libre de Israel al Canal de Suez y al Estrecho de Tirán, cruciales para su comercio internacional.

Implicaciones de los acuerdos para la estabilidad regional

El Acuerdo de Paz de Camp David no solo trajo una paz relativa entre Egipto e Israel, sino que también alteró la dinámica política en toda la región. Egipto, al firmar la paz con Israel, se convirtió en el primer país árabe en romper el frente unido contra el Estado judío, lo que provocó una reacción mixta en el mundo árabe.

Reacciones internacionales y regionales:

- Mientras que los Estados Unidos y Europa elogiaron el acuerdo como un paso valiente hacia la paz, varios países árabes condenaron a Egipto por traicionar la causa palestina y normalizar relaciones con Israel.

- La Liga Árabe suspendió a Egipto de la organización y trasladó su sede de El Cairo a Túnez. Este aislamiento diplomático duró hasta 1989, cuando Egipto fue readmitido en la Liga.

Consecuencias económicas:

- Egipto, a pesar de su aislamiento inicial, logró consolidar su relación con Occidente, lo que le permitió recibir miles de millones de dólares en ayuda económica y militar de Estados Unidos, un apoyo que continúa hasta el día de hoy.

- Israel, por su parte, ganó una mayor seguridad en su frontera sur y se consolidó como un aliado estratégico de Estados Unidos en la región.

Impacto en el conflicto árabe-israelí:

- Aunque el acuerdo fue un éxito bilateral, no resolvió el conflicto más amplio entre Israel y el mundo árabe, ni abordó de manera directa la cuestión palestina, lo que dejó la puerta abierta para futuros conflictos y tensiones.

- Sin embargo, Camp David fue un ejemplo de que la paz era posible, y sentó las bases para futuras negociaciones de paz, como los Acuerdos de Oslo entre Israel y los palestinos en la década de 1990.

Reflexión final

El Acuerdo de Camp David sigue siendo un pilar fundamental en la historia de las relaciones árabe-israelíes. Aunque no resolvió todos los problemas de la región, demostró que, a través de la diplomacia y la negociación, incluso los enemigos acérrimos podían encontrar un terreno común para la paz. Las decisiones tomadas en 1978 marcaron un precedente para la resolución pacífica de conflictos, aunque las tensiones en Medio Oriente continúan hasta hoy.

CAPÍTULO 6

Los Levantamientos Palestinos y el Proceso de Paz (1987-1993 y 2000-2005)

Las Intifadas, o levantamientos palestinos, representaron momentos clave en el conflicto israelí-palestino, mostrando la creciente desesperación y frustración de la población palestina ante la ocupación israelí. Estos eventos no solo intensificaron la lucha, sino que también reconfiguraron las relaciones entre Israel, Palestina y la comunidad internacional.

La resistencia palestina y la respuesta militar de Israel

Primera Intifada (1987-1993): La Primera Intifada, que comenzó en diciembre de 1987, fue una revuelta popular en los Territorios Palestinos ocupados (Cisjordania y Gaza) contra la ocupación israelí. A diferencia de conflictos anteriores, la Primera Intifada no fue liderada por los tradicionales actores políticos palestinos como la Organización para la Liberación de Palestina (OLP), sino por jóvenes palestinos que protagonizaron manifestaciones, huelgas y enfrentamientos con las fuerzas israelíes. La resistencia se caracterizó por el uso de piedras y cócteles molotov, en contraste con el arsenal militar israelí.

Causas de la Primera Intifada:

- **Descontento acumulado**: Décadas de ocupación israelí, restricciones económicas y políticas, y la expansión de asentamientos judíos en los territorios ocupados llevaron a un clima de indignación.
- **Falta de progreso diplomático**: Los palestinos sentían que la diplomacia no había traído ninguna solución tangible a su situación, especialmente después de la guerra de 1967, cuando Israel ocupó Cisjordania, Gaza y Jerusalén Este.

Consecuencias de la Primera Intifada:

- **Muertes y bajas**: Se estima que alrededor de 1,200 palestinos murieron durante la Primera Intifada, la mayoría a manos de las fuerzas israelíes, mientras que 160 israelíes también perdieron la vida, tanto civiles como militares.

- **Tácticas de represión israelíes**: La respuesta de Israel incluyó el uso de armas de fuego, arrestos masivos y medidas económicas que afectaron a la población palestina, como los toques de queda y el cierre de áreas comerciales.

La creación de la Autoridad Palestina y los Acuerdos de Oslo

En medio del conflicto, hubo avances en el proceso de paz. En 1993, las tensiones cedieron momentáneamente cuando la Primera Intifada llegó a su fin con la firma de los **Acuerdos de Oslo**. Este fue un momento histórico, ya que las negociaciones entre la OLP e Israel resultaron en el reconocimiento mutuo de ambas partes.

Acuerdos de Oslo:

- **Reconocimiento mutuo**: Israel reconoció a la OLP como representante legítimo del pueblo palestino, mientras que la OLP reconoció el derecho de Israel a existir.

- **Creación de la Autoridad Palestina (AP)**: Uno de los logros más significativos de los Acuerdos de Oslo fue la creación de la Autoridad Palestina, un gobierno autónomo que gestionaría ciertas áreas de los Territorios Palestinos, aunque bajo control limitado.

- **División de territorios**: Los acuerdos dividieron Cisjordania en tres zonas (A, B y C), con diferentes niveles de control israelí y palestino, siendo la zona A la más autónoma para la AP.

Sin embargo, estos acuerdos no abordaron cuestiones fundamentales como el estatus de Jerusalén, el derecho de retorno de los refugiados palestinos o el futuro de los asentamientos israelíes. Esto dejó mucho descontento en ambos bandos.

El colapso de las negociaciones de paz y el inicio de la Segunda Intifada

A pesar de las esperanzas generadas por los Acuerdos de Oslo, el proceso de paz se estancó a finales de los 90 debido a la falta de avances en temas clave. Las tensiones se intensificaron nuevamente en septiembre de 2000 con la visita de Ariel Sharon, un político israelí, a la Explanada de las Mezquitas en Jerusalén, un lugar sagrado tanto para musulmanes como para judíos.

Segunda Intifada (2000-2005): La visita de Sharon fue vista por muchos palestinos como una provocación, desencadenando violentos enfrentamientos que marcaron el inicio de la Segunda Intifada, también conocida como la Intifada de Al-Aqsa.

Características de la Segunda Intifada:

- A diferencia de la Primera Intifada, que se caracterizó principalmente por levantamientos civiles, la Segunda Intifada fue mucho más violenta, involucrando el uso de armas de fuego, atentados suicidas y ataques de cohetes por parte de los palestinos, principalmente dirigidos por Hamas y otras facciones militantes.

- Israel respondió con fuerza militar, incluyendo incursiones masivas en las ciudades palestinas, asesinatos selectivos de líderes militantes y la construcción del **Muro de Separación** en Cisjordania.

Consecuencias de la Segunda Intifada:

- **Muertes y bajas**: Se estima que entre 3,000 y 4,500 palestinos murieron durante la Segunda Intifada, y alrededor de 1,000 israelíes, entre civiles y militares.

- **Devastación económica**: La economía palestina fue gravemente afectada debido a las restricciones de movimiento, la destrucción de infraestructuras y el bloqueo israelí de Gaza.

- **Estancamiento del proceso de paz**: La Segunda Intifada prácticamente acabó con cualquier esperanza inmediata de paz, ya que las negociaciones colapsaron y la desconfianza entre ambas partes se profundizó.

Reflexión final

Las Intifadas marcaron puntos de inflexión en el conflicto entre israelíes y palestinos. Si bien la Primera Intifada llevó a avances diplomáticos con los Acuerdos de Oslo, la Segunda Intifada dejó un legado de desconfianza y violencia que persiste hasta hoy. A pesar de los esfuerzos de paz, el conflicto sigue sin resolverse, con profundas divisiones tanto en el liderazgo palestino como en el israelí sobre cómo avanzar hacia una solución pacífica y duradera.

CAPÍTULO 7

El Conflicto con Hezbollah y la Guerra del Líbano (2006)

El conflicto entre Israel y Hezbollah en 2006 fue un episodio devastador que dejó una huella profunda tanto en Israel como en el Líbano. Fue una guerra corta pero brutal, que destacó el papel de los actores no estatales, como Hezbollah, en la región.

El ataque de Hezbollah y la respuesta militar israelí

El 12 de julio de 2006, Hezbollah, una organización militante chiita con base en el Líbano, lanzó un ataque sorpresa contra una patrulla israelí en la frontera, matando a tres soldados y secuestrando a otros dos. Esta acción desencadenó una respuesta militar masiva por parte de Israel, que lanzó una serie de ataques aéreos y una ofensiva terrestre contra posiciones de Hezbollah en el sur del Líbano.

Israel justificó su respuesta como una necesidad de neutralizar a Hezbollah y garantizar la seguridad de sus fronteras. En su contraataque, Hezbollah disparó miles de cohetes hacia el norte de Israel, lo que causó la evacuación masiva de civiles y paralizó gran parte de la región.

Las consecuencias de la guerra para el norte de Israel y Líbano

El conflicto, que duró 34 días, tuvo consecuencias devastadoras para ambos lados. En Israel, las ciudades del norte, incluidas Haifa y Kiryat Shmona, sufrieron intensos bombardeos con cohetes. Más de 1,500 civiles israelíes resultaron heridos, y 44 civiles murieron, además de 121 soldados israelíes. Israel experimentó una gran disrupción en su vida cotidiana debido al constante riesgo de los ataques con cohetes.

En el Líbano, las consecuencias fueron aún más graves. Las Fuerzas de Defensa de Israel (FDI) llevaron a cabo más de 12,000 ataques aéreos, destruyendo gran parte de la infraestructura libanesa. Aproximadamente 1,200 libaneses murieron, la mayoría de ellos civiles, y cientos de miles de personas se vieron desplazadas debido a la violencia. El conflicto también devastó el sur del Líbano, donde Hezbollah tenía sus bastiones, afectando gravemente a la economía y las vidas de las personas en la región.

El papel de Hezbollah como actor no estatal en el conflicto

Hezbollah jugó un papel central en este conflicto, demostrando que un grupo militante no estatal podía resistir y desafiar a un ejército moderno como el de Israel. Hezbollah utilizó tácticas de guerrilla, escondiendo sus armas en áreas civiles, y mostró una capacidad considerable para infligir daños, lo que sorprendió a muchos observadores internacionales.

El líder de Hezbollah, Hassan Nasrallah, se convirtió en una figura destacada durante la guerra, y a pesar de las pérdidas sufridas por el grupo, muchos lo vieron como un desafío exitoso a Israel. Hezbollah emergió del conflicto con su imagen fortalecida entre algunos sectores del mundo árabe, lo que complicó aún más el equilibrio de poder en la región.

Reflexión final

El conflicto con Hezbollah y la Guerra del Líbano de 2006 subrayaron la creciente influencia de los actores no estatales en la política de Medio Oriente. A pesar de que Israel logró algunos de sus objetivos militares, el conflicto dejó claro que las amenazas a su seguridad no provenían solo de los Estados tradicionales, sino también de grupos militantes como Hezbollah. Las secuelas de esta guerra continúan afectando a la región hasta el día de hoy, con la frontera entre Israel y Líbano todavía en estado de tensión.

CAPÍTULO 8

Israel y Hamas: Guerras en Gaza (2008-2014)

Las tensiones entre Israel y Hamas en la Franja de Gaza durante este periodo marcaron un punto crítico en el conflicto israelí-palestino. Estos enfrentamientos no solo reflejaron las complejidades de la política regional, sino que también expusieron las profundas divisiones entre las comunidades israelíes y palestinas.

El ascenso de Hamas en Gaza y el conflicto de 2008-2009

Hamas, un movimiento islamista que surgió a fines de la década de 1980, ganó poder político y militar en Gaza, especialmente tras su victoria en las elecciones palestinas de 2006. Esta victoria llevó a un enfrentamiento con la Autoridad Palestina y, eventualmente, a una guerra civil con Fatah en 2007, consolidando su control sobre Gaza.

Causas del conflicto de 2008-2009:

- **Bloqueo de Gaza:** La respuesta de Israel y Egipto al control de Hamas fue imponer un bloqueo que restringía la entrada de bienes y personas. Esto agravó las condiciones económicas y humanitarias en Gaza.

- **Ataques con cohetes:** Hamas intensificó el lanzamiento de cohetes hacia el sur de Israel, lo que llevó a Israel a lanzar una ofensiva militar conocida como "Operación Plomo Fundido" en diciembre de 2008.

Consecuencias:

- **Muertes y destrucción:** Se estima que más de 1,400 palestinos y 13 israelíes murieron durante el conflicto. La infraestructura en Gaza sufrió graves daños, incluidos hospitales, escuelas y viviendas.

- **Crisis humanitaria:** El bloqueo y los daños resultantes dejaron a millones de palestinos en condiciones precarias, exacerbando la crisis humanitaria en la región.

Las guerras de 2012 y 2014: causas y consecuencias

El conflicto continuó con escaladas en 2012 y 2014,

con cada guerra trayendo consigo su propio conjunto de desencadenantes y resultados.

Guerra de 2012:

- **Causas:** El aumento de los ataques con cohetes y el asesinato del líder militar de Hamas, Ahmed Jabari, por parte de Israel llevaron a una nueva escalada.

- **Consecuencias:** El conflicto duró ocho días y resultó en la muerte de más de 160 palestinos y 6 israelíes. Se logró un alto el fuego mediado por Egipto, pero las tensiones persistieron.

Guerra de 2014:

- **Causas:** La guerra comenzó tras el secuestro y asesinato de tres adolescentes israelíes, que llevó a represalias de Israel y un posterior ataque con cohetes de Hamas.

- **Consecuencias:** La "Operación Protección de los Límites" se prolongó por 50 días, resultando en la muerte de más de 2,100 palestinos (la mayoría civiles) y 73 israelíes. La infraestructura de Gaza quedó aún más devastada, y el conflicto dejó profundas cicatrices en la población de ambos lados.

La estrategia de defensa israelí y las tensiones constantes en la Franja de Gaza

Israel ha implementado varias estrategias de defensa para contrarrestar los ataques de Hamas, destacando la **Cúpula de Hierro**, un sistema de defensa aérea diseñado para interceptar cohetes en vuelo. A pesar de este sistema, la escalada de violencia ha continuado, con frecuentes intercambios de ataques que han llevado a la comunidad internacional a solicitar un alto el fuego duradero.

Tensiones constantes:

- La falta de un acuerdo de paz y la continua ocupación de territorios han mantenido las tensiones altas, haciendo que los ciclos de violencia entre Israel y Hamas sean una característica habitual de la vida en la región.
- La situación humanitaria en Gaza sigue siendo crítica, lo que contribuye a la frustración y al descontento entre los palestinos.

Reflexión final

Las guerras en Gaza entre 2008 y 2014 no solo reflejan la lucha entre Israel y Hamas, sino también las profundas divisiones políticas, sociales y económicas que afectan a la región. A medida que las tensiones persisten, la necesidad de un diálogo significativo y una solución pacífica se vuelve más urgente que nunca.

CAPÍTULO 9

Acuerdos de Abraham y Nuevas Dinámicas en Medio Oriente (2020)

Los Acuerdos de Abraham representaron un cambio significativo en el panorama geopolítico de Medio Oriente, marcando un hito en las relaciones entre Israel y varios países árabes. Estos acuerdos no solo transformaron las dinámicas regionales, sino que también plantearon nuevas preguntas sobre el futuro del conflicto israelí-palestino.

La normalización de relaciones entre Israel y algunos países árabes

En 2020, los Acuerdos de Abraham llevaron a la normalización de relaciones entre Israel y varios países árabes, entre ellos los Emiratos Árabes Unidos (EAU), Baréin, Sudán y Marruecos. Estos acuerdos fueron facilitados en gran parte por los Estados Unidos y se caracterizaron por un enfoque pragmático hacia las relaciones internacionales en la región.

Elementos clave de los Acuerdos:

- **Intercambio de embajadas:** La normalización incluyó el establecimiento de embajadas y la promoción de relaciones comerciales, culturales y de seguridad.

- **Cooperación en seguridad:** Los países árabes buscaban colaborar con Israel para enfrentar amenazas comunes, especialmente en relación con Irán y grupos militantes en la región.

El impacto de estos acuerdos en la región y las relaciones con Palestina

Los Acuerdos de Abraham tuvieron un impacto profundo en la dinámica de las relaciones en Medio Oriente, pero también plantearon serias preguntas sobre el futuro del pueblo palestino.

Impacto en la región:

- **Reconfiguración de alianzas:** La normalización de relaciones llevó a un cambio en las alianzas tradicionales, debilitando la postura de los países árabes que tradicionalmente apoyaban la causa palestina.

- **Resistencia palestina:** Muchos palestinos vieron estos acuerdos como una traición a su causa, sintiendo que los líderes árabes priorizaban sus relaciones con Israel sobre la lucha por la autodeterminación palestina.

Relaciones con Palestina:

- La Autoridad Palestina condenó los acuerdos, argumentando que la normalización sin un avance en el proceso de paz socavaba las aspiraciones palestinas.

- La falta de avances significativos en las negociaciones de paz generó más descontento entre los palestinos, profundizando la crisis de confianza en sus líderes.

Las oportunidades y desafíos para Israel tras los Acuerdos de Abraham

Los Acuerdos de Abraham ofrecieron a Israel oportunidades estratégicas, pero también presentaron desafíos significativos.

Oportunidades:

- **Acceso a mercados árabes:** Israel pudo establecer relaciones comerciales y económicas con países que anteriormente no tenían vínculos diplomáticos, lo que podría impulsar su economía.

- **Cooperación en tecnología y defensa:** La normalización abrió la puerta a colaboraciones en áreas como la tecnología, la energía y la defensa, fortaleciendo la posición de Israel en la región.

Desafíos:

- **Inestabilidad regional:** La normalización no resolvió las tensiones subyacentes en la región, y la amenaza de violencia sigue latente, especialmente con Hamas y otros grupos militantes.
- **Reacciones internacionales:** Los Acuerdos de Abraham también llevaron a reacciones adversas de otros actores regionales, incluidos Irán y sus aliados, que ven la normalización como un intento de aislarlos.

Reflexión final

Los Acuerdos de Abraham marcan un nuevo capítulo en las relaciones de Medio Oriente, con implicaciones significativas para la seguridad, la economía y la política regional. Sin embargo, el impacto en la cuestión palestina y el conflicto israelí-palestino sigue siendo un tema complejo y delicado. A medida que Israel navega por estas nuevas dinámicas, el desafío de abordar las aspiraciones palestinas y lograr una paz duradera persiste como un objetivo crucial en el camino hacia la estabilidad regional.

CAPÍTULO 11
Análisis de Eventos Recientes (Hasta octubre 2024)

Desde los intensos eventos de octubre de 2023, el conflicto entre Israel y Palestina ha seguido evolucionando, marcando un periodo de gran incertidumbre y tensión. Este capítulo examina la evolución del conflicto desde esa fecha hasta octubre de 2024, resaltando la importancia de las negociaciones de paz y los cambios en la política regional, así como reflexionando sobre el futuro de esta compleja situación.

coordinados por parte de grupos militantes palestinos, principalmente Hamas, en el sur de Israel. Estos ataques incluyeron disparos de cohetes y asaltos terrestres, lo que sorprendió a las fuerzas de defensa israelíes.

Consecuencias inmediatas:

- **Pérdidas humanas:** La serie de ataques resultó en la muerte de numerosos israelíes, tanto civiles como militares, y dejó a muchas más personas heridas. Las imágenes de destrucción y caos en comunidades israelíes se difundieron rápidamente, aumentando la tensión y la desesperación.

- **Desplazamiento forzado:** Muchas familias en el sur de Israel se vieron obligadas a abandonar sus hogares en busca de refugio, lo que generó una crisis humanitaria en el área.

Respuesta militar de Israel y el impacto en la población civil

En respuesta a los ataques, Israel lanzó una serie de operaciones militares significativas en la Franja de Gaza, intensificando su campaña contra Hamas y otros grupos militantes.

Acciones militares:

- **Bombardeos aéreos:** Las fuerzas israelíes llevaron a cabo bombardeos aéreos masivos en Gaza, apuntando a instalaciones de Hamas, incluidos depósitos de armas y centros de mando. Esta respuesta se tradujo en una gran cantidad de bajas entre los civiles palestinos.

- **Operaciones terrestres:** Además de los ataques aéreos, Israel desplegó tropas en la frontera con Gaza, llevando a cabo incursiones para desmantelar las infraestructuras de Hamas.

Impacto en la población civil:

- **Civiles afectados:** Las operaciones militares causaron una crisis humanitaria en Gaza, con miles de muertos y heridos, y una infraestructura gravemente dañada. Hospitales, escuelas y viviendas fueron destruidas, lo que dejó a la población civil atrapada en el conflicto.

- **Desplazamiento masivo:** La violencia provocó el desplazamiento de cientos de miles de personas en Gaza, que buscaron refugio en zonas menos afectadas o en instalaciones de la ONU, enfrentándose a la escasez de alimentos, agua y atención médica.

Reacciones internacionales y el inicio de un nuevo ciclo de violencia

La escalada de violencia en octubre de 2023 no solo tuvo repercusiones a nivel local, sino que también provocó reacciones internacionales que reflejaron la complejidad del conflicto.

Reacciones globales:

- **Llamados a la paz:** Varias naciones y organizaciones internacionales expresaron su preocupación por la escalada y llamaron a un alto el fuego inmediato. Sin embargo, estos llamados a menudo se vieron eclipsados por la intransigencia de ambas partes.

- **Polarización:** La situación también llevó a una polarización en la opinión pública mundial, con algunas naciones apoyando las acciones de Israel como defensa legítima y otras condenando la violencia y pidiendo el respeto de los derechos humanos en Gaza.

Inicio de un nuevo ciclo de violencia:

- **Ciclos de represalias:** Los ataques y la respuesta militar desencadenaron un ciclo de represalias que profundizó la división entre israelíes y palestinos, dificultando cualquier perspectiva de paz a corto plazo.

- **Impacto en el proceso de paz:** Este nuevo ciclo de violencia sembró más desconfianza entre ambas partes, haciendo aún más difícil la posibilidad de negociaciones de paz efectivas en el futuro cercano.

Reflexión final

El conflicto de octubre de 2023 subraya la fragilidad de la paz en Medio Oriente y la necesidad urgente de abordar las raíces del conflicto israelí-palestino. A medida que ambos lados enfrentan la devastación y la pérdida, la comunidad internacional se encuentra ante el desafío de encontrar soluciones sostenibles que prioricen la seguridad y los derechos humanos de todas las personas en la región. La historia continúa escribiéndose, y con cada nuevo ciclo de violencia, las oportunidades para un futuro pacífico parecen desvanecerse.

Evolución del conflicto desde octubre de 2023 hasta la fecha

Los meses que siguieron al conflicto de octubre de 2023 estuvieron llenos de una intensa actividad militar y diplomática. Las hostilidades continuaron en varias escalas, aunque hubo momentos de calma intermitente que permitieron el inicio de diálogos, aunque frágiles.

- **Escaladas periódicas:** Tras los ataques de octubre, hubo repetidas escaladas de violencia. A lo largo de 2024, las tensiones se manifestaron en brotes de enfrentamientos en diversas áreas, especialmente en la Franja de Gaza y el norte de Israel. Cada escalada dejó una estela de destrucción y sufrimiento, reavivando las heridas del conflicto.

- **Intervenciones internacionales:** La comunidad internacional intentó mediar en el conflicto. Las Naciones Unidas y diversas organizaciones no gubernamentales hicieron llamados a la paz, pero las soluciones ofrecidas fueron recibidas con escepticismo tanto por parte de Israel como de Hamas.

Importancia de las negociaciones de paz y los cambios en la política regional

En este contexto de tensión, la necesidad de negociaciones de paz se volvió más urgente que nunca. Sin embargo, la política regional también ha comenzado a cambiar, afectando el panorama de las negociaciones.

- **Nuevas dinámicas de diálogo:** Los Acuerdos de Abraham, firmados en 2020, han generado un nuevo interés por parte de algunos países árabes en normalizar relaciones con Israel. Esto ha alterado las dinámicas en el conflicto, ya que algunos actores regionales buscan aprovechar esta nueva situación para mediar en el proceso de paz entre Israel y Palestina.

- **Posicionamientos internos:** Sin embargo, el liderazgo palestino se enfrenta a desafíos internos significativos, con Hamas y la Autoridad Nacional Palestina (ANP) mostrando posturas a menudo contradictorias. La división política interna palestina complica aún más cualquier intento de negociación efectiva.

Reflexiones sobre el futuro del conflicto y la esperanza de reconciliación

A medida que se analiza la situación actual, surgen preguntas sobre el futuro del conflicto y la posibilidad de reconciliación.

- **Crisis humanitaria persistente:** La situación humanitaria en Gaza sigue siendo crítica, con miles de personas viviendo en condiciones inaceptables. Esta crisis no solo afecta a los palestinos, sino que también genera presión sobre Israel y su imagen internacional.

- **Esperanza de reconciliación:** A pesar de la devastación, hay voces que abogan por la paz y la reconciliación. Grupos de la sociedad civil en ambos lados han comenzado a trabajar juntos, promoviendo el diálogo y la comprensión mutua. Este esfuerzo grassroots es vital para fomentar una cultura de paz y construir puentes en medio de la división.

Conclusiones

La evolución del conflicto israelí-palestino desde octubre de 2023 hasta octubre de 2024 ha estado marcada por la violencia, el sufrimiento y la incertidumbre. Sin embargo, a pesar de los desafíos, la necesidad de diálogo y reconciliación sigue presente. La esperanza de un futuro pacífico depende no solo de las decisiones políticas a nivel internacional, sino también del compromiso de las comunidades locales para trabajar juntas hacia un objetivo común: la paz y la convivencia. A medida que se mira hacia el futuro, es esencial mantener la esperanza y seguir buscando soluciones justas y sostenibles que respeten los derechos y aspiraciones de todos los involucrados.

CONCLUSIONES

El conflicto entre Israel y Palestina ha sido una constante en la historia moderna de Medio Oriente, con sus raíces que se remontan a la creación del Estado de Israel en 1948. Desde entonces, Israel ha enfrentado una serie de conflictos y guerras que han moldeado no solo su identidad nacional, sino también su relación con los países vecinos y el pueblo palestino. Estos enfrentamientos han estado marcados por ciclos de violencia, períodos de tensión y momentos de esperanza, reflejando la complejidad y la profundidad del sufrimiento que ha caracterizado la región.

A lo largo de los años, los conflictos han incluido guerras de independencia, levantamientos palestinos, enfrentamientos con grupos no estatales como Hezbollah y Hamas, y tensiones con los países árabes circundantes.

Cada uno de estos eventos ha dejado una huella en la psique colectiva de la sociedad israelí, moldeando su narrativa de resistencia y su percepción de seguridad. El impacto de estos conflictos no solo se ha sentido dentro de las fronteras de Israel, sino también en el ámbito internacional, afectando las relaciones diplomáticas y la política regional.

A pesar de los desafíos constantes, la esperanza persiste en el corazón del pueblo israelí. La capacidad de Israel para sobrevivir y prosperar en medio de la adversidad es un testimonio de su resiliencia y determinación. El Estado de Israel ha demostrado una notable habilidad para adaptarse y evolucionar, construyendo una sociedad vibrante y diversa, mientras mantiene su identidad judía. Esta resiliencia se traduce en un compromiso continuo con la defensa y el desarrollo de su nación, así como en el fortalecimiento de la economía y la innovación tecnológica.

La influencia de Israel en sus países vecinos también ha evolucionado. A través de iniciativas de cooperación, desarrollo y diálogo, Israel ha buscado establecer lazos más estrechos con algunos de sus vecinos árabes, particularmente a raíz de los Acuerdos de Abraham. Estas relaciones han abierto nuevas oportunidades para la paz y la estabilidad en la región, aunque el camino hacia una reconciliación completa con el pueblo palestino sigue siendo un desafío formidable.

En conclusión, los conflictos sufridos por Israel desde 1948 hasta la fecha han sido dolorosos y complejos, pero también han forjado un sentido de identidad y propósito entre sus ciudadanos. La esperanza de un futuro más pacífico y cooperativo en Medio Oriente sigue viva, impulsada por el deseo de construir puentes en lugar de muros. La perseverancia del Estado de Israel no solo radica en su capacidad de defensa, sino también en su voluntad de buscar soluciones duraderas que reconozcan las aspiraciones y los derechos de todos los pueblos involucrados. La paz no es solo un objetivo, sino un imperativo moral que requiere el compromiso de todas las partes para avanzar hacia un futuro donde la convivencia y el respeto mutuo sean la norma, no la excepción.

EPÍLOGO

A lo largo de las páginas de este libro, hemos explorado las complejidades y matices del conflicto israelí-palestino, un tema que ha capturado la atención del mundo durante décadas. Desde los inicios del Estado de Israel en 1948 hasta los eventos más recientes en 2024, el conflicto ha sido un viaje de lucha, esperanza y búsqueda de justicia.

El camino hacia la paz ha estado lleno de altibajos, marcado por guerras, levantamientos y negociaciones que han fracasado y tenido éxito en diferentes momentos. Sin embargo, es esencial reconocer que en el centro de esta historia se encuentran las vidas de millones de personas, tanto israelíes como palestinos, que han soportado el peso de esta lucha. Sus historias de resistencia, dolor y aspiraciones han sido la esencia de este conflicto, recordándonos que detrás de cada evento político hay seres humanos con sueños y miedos.

Hoy, mientras reflexionamos sobre el futuro, es crucial mantener la esperanza de que un día, la paz prevalezca en la región. La normalización de relaciones entre Israel y algunos países árabes a través de los Acuerdos de Abraham ha abierto puertas hacia la cooperación y la comprensión, sugiriendo que las relaciones en el Medio Oriente pueden evolucionar hacia algo más que simplemente coexistir. Sin embargo, la resolución del conflicto con el pueblo palestino sigue siendo una prioridad. La paz duradera solo se logrará a través del reconocimiento mutuo de derechos y aspiraciones, así como mediante un diálogo sincero y constructivo.

El deseo de reconciliación y el esfuerzo por un futuro mejor son sentimientos compartidos por muchos. A medida que el mundo observa y espera, es vital que los líderes y ciudadanos de ambas comunidades continúen trabajando hacia la comprensión, la empatía y la colaboración. En última instancia, la construcción de un futuro en paz depende de la voluntad de todas las partes para dejar de lado el pasado y centrarse en las posibilidades del mañana.

Al cerrar este libro, recordemos que el camino hacia la paz es un viaje, no un destino. A medida que se desarrollan nuevas dinámicas y desafíos en Medio Oriente, que la historia sirva de guía y que la esperanza de un futuro en paz nunca se apague.

ABOUT THE AUTHOR

Soy Ferneliz Burgos, un apasionado por las relaciones humanas y la comunicación emocional. Desde joven, me he sentido atraído por los matices del conflicto en Medio Oriente y su impacto en la vida de las personas. A través de mis investigaciones y estudios, he podido explorar las raíces de los conflictos y los dilemas que enfrentan tanto israelíes como palestinos.

He trabajado en diversas áreas relacionadas con la educación y el desarrollo personal, brindando talleres y conferencias sobre relaciones y comunicación. Mi objetivo siempre ha sido promover un entendimiento más profundo entre diferentes culturas y comunidades. Creo firmemente que la paz comienza con el diálogo y la empatía, y mi esperanza es que este libro contribuya a una mejor comprensión del conflicto israelí-palestino.

A lo largo de los años, he tenido la oportunidad de conocer a personas de diversas procedencias, escuchar sus historias y aprender de sus experiencias. Estas interacciones han enriquecido mi perspectiva y me han motivado a escribir sobre este tema tan complejo. Mi intención es no solo informar, sino también inspirar a otros a reflexionar sobre las posibilidades de reconciliación y cooperación en la región.

Espero que, al leer estas páginas, encuentres no solo información, sino también un sentido de conexión y esperanza. Estoy convencido de que, a través de la comprensión y el respeto mutuo, podemos allanar el camino hacia un futuro más pacífico. Gracias por acompañarme en este viaje de exploración y reflexión.